RÈGLEMENT

SUR LE

CONTROLE DES BILLETS DE VOYAGEURS.

(MARS 1860.)

Expl. Mod. n° 758.
Paris, Paul Dupont.

RÈGLEMENT

CONTROLE DES BILLETS DE VOYAGEURS.

RÈGLEMENT

SUR LE

CONTROLE DES BILLETS DE VOYAGEURS.

(MARS 1860.)

Expl. Mod. n° 738.

Paris, Paul Dupont.

1860

RÈGLEMENT

SUR LE

CONTROLE DES BILLETS DE VOYAGEURS.

Le service du contrôle des billets de voyageurs s'effectue de deux manières :

Il a lieu, soit dans les gares qui servent de points d'arrivée aux voyageurs, soit pendant la marche des trains.

PREMIÈRE PARTIE.

CONTROLE AUX GARES D'ARRIVÉE.

ARTICLE PREMIER. — Le contrôle à l'arrivée se fait par le retrait des billets ; il est confié

Mod. n° 738.

aux soins des surveillants, ou des agents spécialement désignés à cet effet par les chefs de gare ou chefs de station.

Ces agents doivent s'assurer que le billet de place qui leur est remis porte le numéro de la station destinataire, le numéro du train et le quantième du mois. La première de ces indications est imprimée avec le billet, lors de sa fabrication; les deux dernières sont apposées, à l'aide de la presse à dater, par la station qui a émis le billet, au moment de sa délivrance.

Si un voyageur présente un billet pour une destination moins éloignée que celle qu'il a atteinte, il doit justifier, par la représentation d'un billet de perception, du paiement de la somme due pour le supplément de parcours qu'il a fait.

Tout voyageur sans billet doit, s'il n'est point porteur d'un permis de circulation, représenter un billet de perception pour la totalité du parcours qu'il a effectué. Si la destination indiquée sur le billet de perception est dépassée, il y a lieu d'opérer une nouvelle perception supplémentaire.

Art. 2. — Tout voyageur qui ne pourrait présenter un billet de perception, ou qui serait porteur d'un billet ne portant pas le quantième du mois et le numéro du train, devra payer intégralement le prix d'une place de 1re classe, depuis le point de départ du train, à moins qu'il ne puisse prouver, soit à l'aide de son bulletin de bagages, soit par tout autre moyen, qu'il est monté à une gare intermédiaire, ou qu'il a occupé une place d'un prix inférieur.

Dans le cas ci-après, prévu par l'article 4, il ne devra être réclamé au voyageur sans billet, ou porteur d'un billet antidaté, que le prix d'une place de la classe où il se trouve, s'il prouve qu'il est resté dans la même voiture pendant tout son trajet sur le chemin de fer.

Art. 3. — Les voyageurs qui dépasseront leur destination devront payer un supplément.

Le supplément à percevoir doit, en s'additionnant avec la somme déjà payée par le voyageur, former le prix de la place depuis le point de départ jusqu'à la destination réelle.

Art. 4. — Sur les points où le contrôle de route doit se faire pendant l'arrêt des trains et avant l'arrivée dans les gares, les agents chargés du contrôle doivent s'assurer s'il n'y a pas de voyageurs qui aient pris place dans une voiture d'une classe supérieure à celle indiquée par leur billet. Ils réclameront, à ceux qu'ils trouveront dans ce cas, la différence de prix entre les deux classes, calculée depuis le point de départ.

Art. 5. — Les voyageurs qui auront dépassé leur destination, et qui auront pris place dans une voiture de classe supérieure à celle indiquée sur leur billet de place ou billet de perception, payeront la différence entre le prix du billet dont ils sont porteurs et celui qu'ils auraient dû prendre pour aller à destination dans la voiture dans laquelle ils se trouvent. On calculera tout le parcours, à partir du point de départ constaté sur leur billet de place ou de perception.

ART. 6. — Le contrôle des chaises de poste sera fait aux gares d'arrivée ; l'examen de la feuille de route, indiquant si le transport a eu lieu en port dû ou en port payé, devra être fait avec soin. Si le port est annoncé comme payé à l'avance, le voyageur devra présenter son reçu ; si le port est dû, remise de la voiture ne devra être faite qu'après payement du prix du transport.

Deux personnes peuvent, sans supplément de prix, voyager dans une voiture à une banquette, et trois dans une voiture à deux banquettes ; tout voyageur trouvé en plus devra être porteur d'un billet de 2e classe, ou payer une place de 2e classe, comptée à partir du point de départ.

Dans les chaises de poste, les enfants, quel

que soit leur âge, sont considérés comme voyageurs, et doivent payer place entière.

ART. 7. — Les chiens transportés dans les chaises de poste sont soumis au prix de la taxe ordinaire. Leurs bulletins doivent être contrôlés comme les autres.

Les règles déterminées par les articles 1, 3 et 4, pour le contrôle des voyageurs transportés dans les voitures du chemin de fer, seront, à part l'exception prévue dans l'article précédent, applicables à ceux circulant dans leurs chaises de poste.

ART. 8. — Le rapport journalier des chefs de gare et chefs de station contiendra mention de toutes les perceptions supplémentaires exercées chaque jour, soit par les agents du contrôle à l'arrivée, soit d'après l'indication des chefs de train. Ces perceptions figureront sur l'état de recettes supplémentaires (modèle 282), qui doit être adressé au Directeur de l'Exploitation avec les autres pièces de comptabilité.

Art. 9. — Les agents chargés de recueillir les billets des voyageurs sont responsables des billets faux qu'ils reçoivent.

Dans le cas où un faux billet serait présenté, le contrôleur doit provoquer l'arrestation du voyageur. Il doit en outre faire retenir ses bagages.

S'il n'y a pas lieu de soupçonner une fraude volontaire, il suffit de prendre le nom et l'adresse du voyageur.

Art. 10. — Les billets retirés aux voyageurs seront immédiatement remis aux chefs de station, classés par ordre de numéros, par provenance et par classe de voitures.

Art. 11. — Tout billet, provenant d'un voyageur qui a dépassé sa destination, ou qui ne l'a pas atteinte, sera classé à part et soigneusement renvoyé au Directeur de l'Exploitation, afin de ne pas laisser peser le soupçon de négligence sur les surveillants de la station destinataire.

Toute suppression de billets serait un acte d'indélicatesse qui pourrait faire peser sur un agent de la Compagnie, soit un blâme immérité, soit une perte d'argent. Il ne trouverait donc pas d'excuse.

Art. 12. — Tout billet trouvé doit être renvoyé très-exactement, mais à part, et avec l'indication de la station et du jour où il aura été recueilli.

Art. 12 *bis*. — Tout échange ou renvoi de billets entre les stations est interdit; et, par conséquent, tout billet recueilli ou reçu à quelque titre que ce soit doit être renvoyé à l'Exploitation.

DEUXIÈME PARTIE.

CONTROLE DE ROUTE.

ART. 13. — Le contrôle des billets pendant le parcours des trains est exclusivement confié aux soins des chefs de train et des gardes-freins, sous la responsabilité des chefs de train et sous la surveillance particulière des inspecteurs.

Cette opération consiste à réclamer à chaque voyageur la présentation du billet dont il doit être porteur, et à s'assurer de sa régularité.

Le contrôle de route ayant pour but d'empêcher les voyageurs des stations intermédiaires de circuler sans billet, ou de circuler avec un billet, mais dans une voiture de classe supérieure à celle à laquelle ils ont droit, ou de dépasser leur destination, les chefs de train auront soin de faire le contrôle, tantôt dans une gare, tantôt dans une autre, en le commençant alternativement par la tête ou par la queue du train. Ils n'adopteront, pour l'exécution de ce service, aucune marche régulière, afin d'éviter, de la part des voyageurs, des combinaisons qui puissent les mettre à l'abri du contrôle. Néanmoins, il sera bon de faire toujours, autant que possible, le contrôle à l'arrivée aux points d'embranchement, afin d'éviter que des voyageurs soient exposés à dépasser involontairement ces points, s'ils doivent y descendre.

ART. 14. — La première vérification des billets des voyageurs de 1re et 2e classe, et de chaise de poste, se fera au point de départ de chaque train, et dans l'intervalle existant entre l'entrée des voyageurs en voiture et le départ du train.

Pendant la route, les agents chargés du

contrôle devront se faire également représenter les billets de ces voyageurs lorsqu'ils monteront aux stations intermédiaires.

La vérification des billets des voyageurs de 3e classe pourra se faire pendant la route, en profitant des temps d'arrêt où les gardes-freins en auraient la faculté, et même en séjournant dans les voitures, lorsqu'il n'y aurait aucun inconvénient à le faire pour la sécurité de la marche.

Il est expressément défendu aux agents des trains de chercher à passer d'une voiture à l'autre pendant la marche. Ils ne pourront donc contrôler, pour ce motif, qu'une voiture pendant le trajet d'une gare à l'autre.

ART. 15. — Les agents du service des trains qui font le contrôle de route doivent examiner séparément et attentivement chacun des billets qui sont présentés. Il ne suffit pas qu'ils soient de la couleur correspondante à la classe de voitures dans laquelle se trouvent les voyageurs ; il faut encore qu'ils soient valables pour le train qu'ils ont pris.

Les employés s'assurent également que les permis de circulation sont valables pour la classe de voitures dans laquelle se trouvent les permissionnaires, et que leur voyage s'effectue dans la limite du temps indiqué sur leur permis ou dans les conditions qui y sont spécifiées.

En contrôlant, il faut toujours avoir soin de se faire représenter simultanément les cartes de tous les voyageurs compris dans un même compartiment.

ART. 16. — Toute personne à laquelle un permis de circulation a été accordé, et qui voyage sans en être munie, doit être considérée comme un voyageur ordinaire, et être soumise aux mêmes obligations.

ART. 17. — Les billets non timbrés, surchargés ou timbrés d'un autre train que celui dans lequel se trouvent les voyageurs qui en

sont porteurs, devront être retirés et considérés comme nuls et non avenus. Il en sera de
même, s'ils portent une date autre que celle
du jour pendant lequel il en sera fait usage.

Toutefois, s'il y avait seulement un chiffre
interverti, comme cette irrégularité peut pro-
venir de la faute du receveur, les agents chargés
du contrôle doivent la signaler dans leur rapport, mais sans provoquer le paiement d'un
nouveau billet.

Les permis de circulation surchargés doivent être retirés et mentionnés au rapport ; le
porteur du permis doit être contraint à payer
le prix de la place pour le parcours qu'il aura
fait.

Art. 18. — Tous les voyageurs, même ceux
qui montent ou descendent en route, doivent
être contrôlés avec une attention soutenue ; les
agents des trains pourront facilement distinguer
les voyageurs déjà contrôlés, et venant de points
plus éloignés, de ceux qui sont à contrôler. Ils

doivent s'efforcer de ne jamais fatiguer les voyageurs par des demandes réitérées.

Tout billet contrôlé doit être marqué par l'agent chargé du contrôle d'un signe distinctif (un trou à l'emporte-pièce).

Aʀᴛ. 18 *bis*. — Dans le cas où un billet faux serait présenté, le contrôleur doit remettre le voyageur entre les mains du plus prochain chef de station qui opérera comme il est dit à l'art. 9.

Aʀᴛ. 19.—Les cas de perception supplémentaire par le contrôle de route sont, à part quelques modifications dans le mode d'opérer, identiques à ceux prévus par les articles 2, 3 et 5.

Tout voyageur qui sera trouvé sans billet ou permis, ou qui sera porteur d'un billet non timbré, surchargé, ou timbré pour un train autre que celui dans lequel il se trouve, devra payer le prix de la place qu'il occupe depuis le point de départ du train jusqu'à la destination qu'il indiquera, à moins que, dans le cas prévu par l'article 2, il ne puisse prouver son départ d'une gare intermédiaire.

Il en sera de même s'il présente un billet antidaté, aussi bien qu'un permis de circulation surchargé, irrégulier ou périmé.

Tout voyageur qui aura dépassé sa destination et qui circulera dans une voiture de classe supérieure à celle à laquelle son billet lui donne droit, devra payer la différence existant entre le prix du billet dont il est porteur et le prix du billet qu'il aurait dû prendre pour aller à destination dans la voiture où il se trouve.

Dans ces deux cas, le billet devra être retiré et remplacé par un billet de perception détaché de carnets à souche (n° 311).

Ces carnets contiennent des billets distincts pour chaque classe, et de la couleur des cartes affectées à chacune.

Lorsqu'il y aura lieu de les détacher, l'agent chargé de ce service doit avoir soin de remplir toutes les indications qui y sont portées, la classe, le numéro du billet retiré, la provenance, la destination, le prix et les observations.

Art. 20. — Lorsque pendant le trajet un voyageur demande à changer de classe de voiture, le chef de train doit toujours, autant que la composition de son train le permet, faire droit à cette demande, en réclamant toutefois la différence de prix, mais seulement sur le parcours restant à faire jusqu'à la destination indiquée sur le billet du voyageur.

Dans ce cas, comme dans ceux prévus par l'article 11, le billet du voyageur devra être retiré et remplacé par un billet de perception portant indication du supplément de prix qu'il versera.

Art. 21. — Lorsqu'un chef de train percevra un supplément de parcours, il devra prendre note du numéro du bulletin de bagages, afin de ne pas les faire décharger à la gare à laquelle ils étaient destinés.

Il remettra au chef de la gare, où seront descendus les bagages, l'indication du point où ils devaient être primitivement laissés, afin que cet agent puisse, en cas d'excédant de poids, faire payer au propriétaire la somme exigible pour le supplément de parcours.

Le chef de train chargé du contrôle fera de plus connaître au chef de station de la destination primitive, le motif pour lequel le bulletin et les colis de ce voyageur ne lui sont pas remis.

Il est nécessaire, à cet effet, que chaque gare appose sa griffe sur tous les bulletins et les feuilles de route de bagages, en destination des gares qui n'ont pas de couleur spéciale.

Art. 22. — Lorsqu'un chef de train, en faisant le contrôle de route, trouvera, soit dans une voiture du chemin de fer, soit dans une chaise de poste, un chien appartenant à un voyageur qui n'en pourra représenter le bulletin, il se fera représenter celui du voyageur, afin d'en connaître la destination, et signalera au chef de la gare où ce voyageur descendra, la perception supplémentaire à effectuer pour parcours du chien depuis le point de départ indiqué par le billet du voyageur.

Art. 23. — Après chaque voyage, chaque chef de train remettra, aux chefs des gares extrêmes où arrive le train, les souches des billets de perception qu'il aura délivrés pendant le contrôle de route, et sur lesquelles les sommes perçues auront dû être exactement portées, conformément à l'indication écrite au billet délivré au voyageur. Il lui remettra en outre les sommes perçues par lui. Le talon portant le chiffre de la somme perçue et le numéro de rappel du billet de perception devra être frappé, par le chef de la station extrême, du timbre de ladite station, de telle manière que ce timbre porte à la fois sur la souche et le talon du billet. Le talon portant cette marque équivaudra à quittance pour le chef de train.

Les chefs des gares extrêmes devront envoyer, à l'appui de leurs versements, le relevé desdites perceptions par numéro d'ordre et par somme perçue sur l'état *Recettes supplémentaires*.

ART. 24.— Il devra être établi, *pour chaque train*, au moyen de l'imprimé modèle n° 743, un bulletin de contrôle de route sur lequel le chef de train mentionnera toutes les perceptions supplémentaires qui auront été opérées durant le trajet, ainsi que le nom de la gare où il aura fait le versement de ces perceptions.

Les chefs de train devront aussi faire connaître, dans la colonne « *Observations*, » tous les faits qui seraient de nature à motiver la perception d'une recette supplémentaire dans les gares et stations, — soit qu'il y ait incertitude de leur part dans l'application des règlements et tarifs, — soit que le temps leur manque pour effectuer eux-mêmes la perception.

Il leur est recommandé, dans l'un et l'autre

cas, — que la perception ait été faite par eux-mêmes ou qu'elle doive l'être dans une gare ou station, — *d'indiquer tout spécialement*, sur le bordereau mod. n° 743, *le numéro d'enregistrement des bagages de tout voyageur qui aura prolongé son parcours.*

Le bulletin de contrôle de route devra être envoyé par les chefs de train à l'Administration centrale, épinglé à la feuille de route de leur train, ainsi que les billets retirés aux voyageurs, qui devront être attachés au bordereau par un fil, comme pièces à l'appui.

Les chefs de train et gardes-freins en faisant fonctions sont invités à n'omettre jamais d'établir le bulletin de *chaque train* qu'ils desserviront, *ce bulletin devant toujours être envoyé à Paris*, alors même qu'il ne se sera passé, pendant tout le trajet du train, aucun fait de nature à donner lieu à une perception supplémentaire, ou à intéresser, à quelque titre que ce soit, le service de la Comptabilité.

— Dans ce dernier cas, il devrait porter la mention : « *Néant.* »

DISPOSITIONS GÉNÉRALES.

Art. 25. — Les chefs de train et gardes-freins en faisant fonctions sont tenus d'effectuer eux-mêmes immédiatement toute perception supplémentaire à laquelle peut donner lieu le contrôle de route. Ils ne sont autorisés à s'affranchir de cette obligation que dans les cas d'impossibilité absolue, et alors ils doivent remplir les formalités suivantes :

1° Retirer des mains du voyageur le billet irrégulier ;

2° Établir de suite le bulletin de contrôle de route (mod. 743) destiné à signaler le fait à l'Administration centrale ;

3° Remettre le billet à la gare où le voyageur doit descendre, et lui désigner ce voyageur ;

4° Faire émarger le bulletin de contrôle de route (mod. 743) par l'agent de la gare à qui le billet a été donné et la perception signalée.

ART. 26.— Pour chaque perception supplémentaire opérée, soit dans les gares, soit dans les trains, il sera délivré au voyageur un billet de perception extrait du carnet de contrôle, et indiquant la somme perçue et le motif de la perception.

Dans le cas où, par une cause quelconque, il serait impossible de remettre au voyageur le bulletin de perception, ce bulletin devra être détaché de la souche et adressé au Directeur de l'Exploitation.

ART. 27.— Un carnet de billets de perception sera remis à cet effet à chaque chef de station et à chaque chef de train. Ces agents sont comptables des billets de perception, tout aussi bien que l'est un receveur à l'égard des billets de place eux-mêmes.

ART. 28. — La valeur des billets égarés, et

que les voyageurs ne pourront représenter lors du contrôle, soit dans les gares, soit dans les trains, sera remboursée par les chefs de gare et chefs de station, sur la remise du billet, si toutefois le billet leur est représenté dans la même journée, et si le jour de l'année et le numéro du train portés sur le billet concordent avec ceux du billet de perception.

Lorsqu'un voyageur retrouvera, au bout de quelques jours, un billet qu'il n'aura pu représenter, soit à sa sortie d'une gare, soit pendant le contrôle de route, il pourra, en s'adressant, par écrit, au Directeur de l'Exploitation, et sur la présentation de son billet, en obtenir le remboursement, s'il est trouvé à l'appui un billet de perception supplémentaire concordant avec le numéro du train et le jour de l'année figurant sur le billet représenté.

Art. 29. — Les enfants au-dessous de trois ans sont transportés gratuitement, à la condition de rester assis sur les genoux des personnes qui les accompagnent. — Les enfants de trois à sept ans paient demi-place, et ont droit à une place distincte ; toutefois, dans un même compartiment, deux enfants ne pourront occuper que la place d'un voyageur. — Au-dessus de sept ans, les enfants paient place entière.

Dans les chaises de poste, les enfants, quel que soit leur âge, sont considérés comme voyageurs, et doivent payer place entière.

Art. 30.— Aucun chien ne peut être transporté gratuitement; le prix du transport doit être payé au départ.

Art. 31. — Les agents des gares et des trains devront refuser tous les permis de circulation non réguliers, et signaler sur leur rapport ou journal de route ceux qui en seraient détenteurs.

Les dispositions de l'article 2 devront être appliquées au porteur d'un permis dont il ne serait pas le titulaire, et celles de l'article 3 au véritable titulaire d'un permis, s'il a dépassé

les limites de la section qu'il peut parcourir
gratuitement.

Dans ces deux cas, les permis devront être
retirés et adressés au Directeur de l'Exploitation.

Art. 32. — Pour les voyageurs munis de
billets d'aller et de retour, il doit être opéré
comme suit, soit pour les déclassements, soit
pour les prolongements de parcours :

I. Lorsqu'un voyageur muni d'un billet aller et retour est trouvé dans une voiture d'une
classe supérieure à celle désignée sur son billet, il doit payer :

1° Si c'est un train composé de voitures de
toutes classes, la moitié de la différence entre
le prix déjà payé pour son billet d'aller et retour et celui qu'il aurait dû payer pour un billet de même nature de la classe supérieure ;

2° Si c'est un train qui ne comporte que
des voitures de 1re classe (ce qui ne peut avoir
lieu que pour le retour seulement), le prix or-

dinaire du tarif, déduction faite de la somme déjà versée pour le billet de retour.

II. Lorsque le voyageur porteur d'un billet aller et retour prolonge son trajet jusqu'à une station pour laquelle il n'est point délivré de billet d'aller et retour, il faut exiger la différence entre le prix du billet pour l'aller, soit moitié du billet aller et retour, et le prix du tarif ordinaire.

Si, au retour, le voyageur veut monter à une station située au delà du point où il devait prendre le train en vertu de son billet de retour, il doit également payer le tarif ordinaire, déduction faite du prix de son billet de retour.

Art. 33. — Lorsque des voyageurs refuseront de payer le supplément qui leur est réclamé pour une cause quelconque, les chefs de train devront procéder de la manière suivante :

Le fait constaté devra être signalé au chef

de la première gare ou station, où se trouvera un commissaire de surveillance. Ce chef de gare ou de station aura à faire remettre les voyageurs en défaut aux mains de ce fonctionnaire.

Toutefois, le chef de station pourra se borner à retenir les bagages du voyageur en défaut, s'ils paraissent offrir une garantie suffisante.

Les chefs de gare et de station auront d'ailleurs à apprécier les cas exceptionnels où ces mesures pourraient ne devoir pas être appliquées, tels que ceux où les voyageurs seraient connus, où l'erreur serait involontaire, où la caution de personnes solvables offrirait toute garantie.

1er mars 1864.

Le Directeur de l'Exploitation,

Signé : JACQMIN.

Paris, imprimerie de Paul Dupont, rue de Grenelle-St-Honoré, 45.